Magical Christmas Tales: Bilingual Italian-English Christmas Stories for Kids

Pomme Bilingual

Published by Pomme Bilingual, 2024.

MAGICAL CHRISTMAS TALES: BILINGUAL ITALIAN-ENGLISH CHRISTMAS STORIES FOR KIDS

First edition. July 4, 2024.

Copyright © 2024 Pomme Bilingual.

ISBN: 979-8227083746

Written by Pomme Bilingual.

Table of Contents

La Magica Vigilia di Natale con Nonna Fiocco di Neve

Era una fredda vigilia di Natale, e il piccolo Marco non vedeva l'ora di trascorrere le vacanze a casa di sua nonna, la signora Fiocco di Neve. Nonna Fiocco di Neve viveva in un'antica casetta di legno, circondata da un bosco incantato, dove gli alberi sembravano raccontare storie antiche e misteriose. La neve cadeva fitta, coprendo tutto con un morbido manto bianco, e l'aria era piena del profumo di pino e zucchero filato.

Non appena Marco arrivò, Nonna Fiocco di Neve lo accolse con un caldo abbraccio e un sorriso che illuminava il suo viso rugoso ma dolce. "Benvenuto, tesoro mio!" esclamò. "Ho preparato qualcosa di speciale per te questa sera."

Marco la seguì curioso in cucina, dove un grande pentolone borbottava sul fuoco. "Stiamo preparando la cioccolata calda più buona del mondo!" disse Nonna, mescolando con cura. "Ma non è una cioccolata qualsiasi... è una cioccolata magica!"

Marco sgranò gli occhi. "Magica? Come funziona?"

Nonna sorrise misteriosa. "Vedrai," disse, versando la bevanda fumante in due tazze decorate con disegni di fiocchi di neve. "Prima di bere, dobbiamo recitare una formula segreta."

I due si sedettero al tavolo, e Nonna cominciò a sussurrare parole in una lingua antica e melodiosa. Marco ripeté ogni parola con attenzione, sentendo un leggero formicolio nelle dita. Quando ebbero finito, bevvero la cioccolata calda.

All'improvviso, Marco sentì una sensazione di calore avvolgerlo, come un grande abbraccio. Le luci nella stanza cominciarono a scintillare e i fiocchi di neve fuori dalla finestra presero a danzare come piccoli ballerini.

"Che succede, Nonna?" chiese Marco, stupito.

Nonna Fiocco di Neve rise dolcemente. "La magia del Natale è entrata in azione! Questa notte possiamo vedere e fare cose che normalmente non potremmo. Vieni, c'è qualcosa che voglio mostrarti."

Marco e Nonna si infilarono i cappotti e uscirono nella neve. Camminarono attraverso il bosco incantato, dove le luci degli alberi brillavano come stelle. Nonna si fermò davanti a una vecchia quercia con una porta intagliata nel tronco.

"Questa è la Porta dei Desideri," spiegò. "Ogni vigilia di Natale, possiamo entrare e visitare un mondo di sogni e desideri."

Non appena aprirono la porta, Marco si trovò in un luogo meraviglioso. C'erano elfi che cantavano allegri, renne che volavano nel cielo e giocattoli magici che si animavano. Ogni angolo di quel mondo era pieno di gioia e meraviglia.

Marco e Nonna esplorarono quel regno incantato per ore, incontrando creature magiche e partecipando a feste indimenticabili. Finalmente, quando la luna fu alta nel cielo, Nonna disse che era ora di tornare.

"Ma Nonna, io voglio restare qui per sempre!" protestò Marco.

Nonna Fiocco di Neve gli accarezzò dolcemente la testa. "Ricorda, tesoro, la magia del Natale non è solo in questo posto. È dentro di te. Puoi portarla con te ovunque andrai."

Riluttante ma felice, Marco seguì Nonna fuori dalla Porta dei Desideri e tornarono a casa. Prima di andare a letto, Marco abbracciò forte Nonna e le disse: "Grazie per questa notte magica. Non la dimenticherò mai."

Nonna sorrise e rispose: "E io non dimenticherò mai il tuo sorriso, tesoro. Buon Natale."

Marco si addormentò con il cuore pieno di gioia, sognando nuove avventure e sapendo che, finché avesse tenuto viva la magia del Natale dentro di sé, ogni giorno poteva essere speciale come quella vigilia.

The Magical Christmas Eve with Grandma Snowflake

It was a cold Christmas Eve, and little Marco couldn't wait to spend the holidays at his grandmother's house, Mrs. Snowflake. Grandma Snowflake lived in an old wooden house surrounded by an enchanted forest, where the trees seemed to tell ancient and mysterious stories. The snow was falling thickly, covering everything with a soft white blanket, and the air was filled with the scent of pine and cotton candy.

As soon as Marco arrived, Grandma Snowflake greeted him with a warm hug and a smile that lit up her wrinkled but sweet face. "Welcome, my darling!" she exclaimed. "I've prepared something special for you tonight."

Marco curiously followed her into the kitchen, where a large pot was bubbling on the fire. "We are making the best hot chocolate in the world!" said Grandma, stirring carefully. "But it's not just any hot chocolate... it's magical hot chocolate!"

Marco's eyes widened. "Magical? How does it work?"

Grandma smiled mysteriously. "You'll see," she said, pouring the steaming drink into two cups decorated with snowflake designs. "Before drinking, we must recite a secret formula."

The two sat at the table, and Grandma began to whisper words in an ancient and melodious language. Marco repeated every word carefully, feeling a slight tingling in his fingers. When they were done, they drank the hot chocolate.

Suddenly, Marco felt a warm sensation envelop him, like a big hug. The lights in the room began to twinkle, and the snowflakes outside the window started to dance like tiny ballerinas.

"What's happening, Grandma?" Marco asked, amazed.

Grandma Snowflake laughed softly. "The magic of Christmas has kicked in! Tonight we can see and do things we normally couldn't. Come, there's something I want to show you."

Marco and Grandma put on their coats and went out into the snow. They walked through the enchanted forest, where the lights on the trees sparkled like stars. Grandma stopped in front of an old oak tree with a door carved into the trunk.

"This is the Door of Wishes," she explained. "Every Christmas Eve, we can enter and visit a world of dreams and wishes."

As soon as they opened the door, Marco found himself in a wonderful place. There were elves singing merrily, reindeer flying in the sky, and magical toys coming to life. Every corner of that world was full of joy and wonder.

Marco and Grandma explored that enchanted realm for hours, meeting magical creatures and attending unforgettable parties. Finally, when the moon was high in the sky, Grandma said it was time to go back.

"But Grandma, I want to stay here forever!" protested Marco.

Grandma Snowflake gently stroked his head. "Remember, my darling, the magic of Christmas is not just in this place. It's inside you. You can take it with you wherever you go."

Reluctant but happy, Marco followed Grandma out of the Door of Wishes and they returned home. Before going to bed, Marco hugged Grandma tightly and said, "Thank you for this magical night. I will never forget it."

Grandma smiled and replied, "And I will never forget your smile, my darling. Merry Christmas."

Marco fell asleep with his heart full of joy, dreaming of new adventures and knowing that as long as he kept the magic of Christmas alive inside him, every day could be as special as that Christmas Eve.

La Strabiliante Avventura di Natale di Tommy e Lulù

Era la vigilia di Natale, e il piccolo Tommy si trovava a guardare fuori dalla finestra della sua camera, osservando i fiocchi di neve che cadevano lentamente e silenziosamente, coprendo tutto con un soffice manto bianco. Non poteva fare a meno di chiedersi cosa avrebbe trovato sotto l'albero la mattina seguente. Ma quello che Tommy non sapeva era che questa sarebbe stata una vigilia di Natale diversa da tutte le altre, una vigilia di Natale piena di magia e avventure straordinarie.

Tommy viveva con sua madre e il suo cane Lulù in una piccola casa ai margini del paese. Sua madre, una dolce signora con un cuore grande quanto il mondo, era sempre impegnata a preparare deliziosi biscotti e dolci per le feste. Quella sera, la casa era riempita del profumo inebriante dei biscotti allo zenzero e della torta di mele.

"Tommy, vieni a dare una mano con i biscotti!" chiamò la madre dalla cucina.

Tommy scese di corsa le scale, con Lulù che lo seguiva scodinzolando. Insieme, misero le mani in pasta, letteralmente, creando biscotti dalle forme più strane e divertenti. Dopo aver infornato l'ultima teglia, si sedettero accanto al camino acceso, ascoltando le storie di Natale che la mamma di Tommy raccontava sempre così bene.

"Mamma, pensi che Babbo Natale verrà a trovarci anche quest'anno?" chiese Tommy con gli occhi spalancati.

"Certo che sì, caro. Ma ricorda, il vero spirito del Natale è nel dare e condividere, non solo nel ricevere," rispose lei con un sorriso affettuoso.

Dopo aver messo un piatto di biscotti e un bicchiere di latte per Babbo Natale, Tommy andò a letto, stringendo forte Lulù. Ma quella notte non riusciva proprio a dormire. C'era qualcosa di magico nell'aria, qualcosa che non aveva mai sentito prima. All'improvviso, udì un leggero tintinnio, seguito da un soffice fruscio.

"Lulù, hai sentito anche tu?" sussurrò Tommy. Lulù rispose con un lieve abbaio, come per dire di sì.

Curioso, Tommy si alzò dal letto e si avvicinò alla finestra. Fuori, nel giardino, vide qualcosa che lo lasciò a bocca aperta: una slitta scintillante, trainata da otto renne, e un uomo con un grande sacco rosso in spalla.

"Babbo Natale!" esclamò Tommy senza riuscire a trattenersi.

Ma Babbo Natale si voltò e fece cenno a Tommy di raggiungerlo. Con il cuore che batteva forte dall'emozione, Tommy prese il suo cappotto e uscì silenziosamente di casa, seguito da Lulù.

"Tommy, ho bisogno del tuo aiuto," disse Babbo Natale con una voce gentile e profonda. "Stanotte, alcuni regali speciali sono stati dispersi nel bosco. Senza di essi, il Natale di molti bambini sarà rovinato."

"Certo, Babbo Natale! Cosa devo fare?" rispose Tommy entusiasta.

"Vieni con me, insieme possiamo trovarli," disse Babbo Natale, aiutando Tommy e Lulù a salire sulla slitta. Con un leggero tocco delle redini, la slitta si sollevò nel cielo, volando sopra le case illuminate e i boschi innevati.

Volando attraverso la notte, Tommy poteva vedere le luci delle case sotto di loro e sentiva il vento freddo sul viso, ma il suo cuore era caldo di felicità e avventura. Dopo qualche minuto, atterrarono in una radura nel bosco, dove la neve brillava alla luce della luna.

"Ecco dove sono stati dispersi i regali," disse Babbo Natale. "Lulù ha un ottimo fiuto. Forse può aiutarci a trovarli."

Lulù abbaiò energicamente e cominciò a fiutare la neve, correndo qua e là. Dopo pochi minuti, Lulù si fermò davanti a un grande cespuglio, abbaiando con insistenza. Tommy si avvicinò e cominciò a scavare nella neve, trovando un pacchetto rosso e dorato.

"Ne ho trovato uno!" esclamò Tommy, mostrando il regalo a Babbo Natale.

"Ben fatto, Tommy! Ora dobbiamo trovare gli altri," disse Babbo Natale con un sorriso.

Continuarono a cercare nel bosco, seguendo Lulù che trovava uno dopo l'altro tutti i pacchetti dispersi. Alcuni erano nascosti sotto cumuli di neve, altri tra i rami degli alberi. Alla fine, avevano recuperato tutti i regali.

"Sei stato fantastico, Tommy. Grazie a te, molti bambini avranno un Natale felice," disse Babbo Natale, caricando i regali sulla slitta.

Tommy era felicissimo. Non poteva credere di aver aiutato Babbo Natale in una missione così importante. "Grazie a te, Babbo Natale. È stato incredibile!"

"E ora, Tommy, è tempo di tornare a casa. Ma ricorda, il vero spirito del Natale è nel cuore. Porta sempre con te questa magia," disse Babbo Natale, facendogli l'occhiolino.

La slitta decollò ancora una volta, riportando Tommy e Lulù a casa. Quando atterrarono nel giardino, Babbo Natale salutò Tommy con un grande abbraccio.

"Buon Natale, Tommy," disse Babbo Natale, poi sparì in un lampo di luce.

Tommy rientrò in casa, con il cuore che batteva forte di felicità. Mentre si infilava di nuovo nel letto, Lulù si accoccolò vicino a lui, e Tommy sognò di nuove avventure e della magia del Natale.

La mattina di Natale, Tommy si svegliò presto, corse giù per le scale e trovò sotto l'albero non solo i regali che si aspettava, ma anche un piccolo pacchetto con il suo nome scritto sopra, in una scrittura che non riconosceva. Aprendolo, trovò una piccola campanella d'argento con un biglietto che diceva: "Per Tommy, il mio piccolo aiutante speciale. Con affetto, Babbo Natale."

Tommy sorrise, sapendo che quella notte magica sarebbe rimasta per sempre nel suo cuore, ricordandogli il vero spirito del Natale.

Tommy and Lulu's Amazing Christmas Adventure

It was Christmas Eve, and little Tommy was looking out of his bedroom window, watching the snowflakes fall slowly and silently, covering everything with a soft white blanket. He couldn't help but wonder what he would find under the tree the next morning. But what Tommy didn't know was that this Christmas Eve would be different from all the others, a Christmas Eve full of magic and extraordinary adventures.

Tommy lived with his mother and his dog Lulu in a small house on the edge of the town. His mother, a sweet lady with a heart as big as the world, was always busy baking delicious cookies and cakes for the holidays. That evening, the house was filled with the intoxicating scent of gingerbread cookies and apple pie.

"Tommy, come help with the cookies!" called his mother from the kitchen.

Tommy ran down the stairs, with Lulu following, wagging her tail. Together, they got their hands messy, creating cookies in the most unusual and fun shapes. After baking the last batch, they sat by the roaring fire, listening to the Christmas stories that Tommy's mother always told so well.

"Mom, do you think Santa will visit us this year?" asked Tommy with wide eyes.

"Of course, dear. But remember, the true spirit of Christmas is in giving and sharing, not just in receiving," she replied with a loving smile.

After setting out a plate of cookies and a glass of milk for Santa, Tommy went to bed, holding Lulu tightly. But that night, he couldn't sleep. There was something magical in the air, something he had never felt before. Suddenly, he heard a faint jingling, followed by a soft rustling.

"Lulu, did you hear that?" whispered Tommy. Lulu responded with a light bark, as if to say yes.

Curious, Tommy got out of bed and approached the window. Outside, in the garden, he saw something that left him speechless: a shimmering sleigh, pulled by eight reindeer, and a man with a large red sack over his shoulder.

"Santa Claus!" Tommy exclaimed, unable to contain himself.

But Santa turned and motioned for Tommy to join him. With his heart pounding with excitement, Tommy grabbed his coat and quietly slipped out of the house, followed by Lulu.

"Tommy, I need your help," said Santa with a gentle, deep voice. "Tonight, some special gifts have been lost in the forest. Without them, many children's Christmases will be ruined."

"Of course, Santa! What should I do?" replied Tommy eagerly.

"Come with me, together we can find them," said Santa, helping Tommy and Lulu onto the sleigh. With a light touch of the reins, the sleigh lifted into the sky, flying over the lit houses and snowy woods.

Flying through the night, Tommy could see the lights of the houses below and feel the cold wind on his face, but his heart was warm with happiness and adventure. After a few minutes, they landed in a clearing in the woods, where the snow sparkled in the moonlight.

"Here's where the gifts were lost," said Santa. "Lulu has a great nose. Maybe she can help us find them."

Lulu barked energetically and began sniffing the snow, running here and there. After a few minutes, Lulu stopped in front of a large bush, barking insistently. Tommy approached and started digging in the snow, finding a red and gold package.

"I found one!" exclaimed Tommy, showing the gift to Santa.

"Well done, Tommy! Now we need to find the others," said Santa with a smile.

They continued searching the woods, following Lulu who found one by one all the lost packages. Some were hidden under snowdrifts, others among the branches of trees. In the end, they had recovered all the gifts.

"You were fantastic, Tommy. Thanks to you, many children will have a happy Christmas," said Santa, loading the gifts onto the sleigh.

Tommy was overjoyed. He couldn't believe he had helped Santa on such an important mission. "Thank you, Santa. It was incredible!"

"And now, Tommy, it's time to go home. But remember, the true spirit of Christmas is in your heart. Always carry this magic with you," said Santa, winking.

The sleigh took off once more, bringing Tommy and Lulu back home. When they landed in the garden, Santa hugged Tommy tightly.

"Merry Christmas, Tommy," said Santa, then disappeared in a flash of light.

Tommy went back inside, his heart pounding with happiness. As he snuggled back into bed, Lulu curled up next to him, and Tommy dreamed of new adventures and the magic of Christmas.

On Christmas morning, Tommy woke up early, ran downstairs, and found not only the gifts he expected under the tree, but also a small package with his name on it, written in handwriting he didn't recognize. Opening it, he found a small silver bell with a note that read: "For Tommy, my special little helper. With love, Santa Claus."

Tommy smiled, knowing that magical night would remain forever in his heart, reminding him of the true spirit of Christmas.

Il Natale Magico di Nico e Sofia

Era la vigilia di Natale e Nico non riusciva a dormire. La neve cadeva leggera fuori dalla finestra, coprendo tutto con un soffice manto bianco. Nico viveva in una piccola casa di legno con sua madre e la sua sorellina Sofia. Erano da poco trasferiti in quel paesino di montagna e, per quanto fosse bello, Nico sentiva la mancanza della vecchia casa e dei suoi amici.

Sofia, invece, era entusiasta. "Nico, pensi che Babbo Natale ci troverà anche qui?" chiese con gli occhi scintillanti.

"Spero di sì, Sofia. Abbiamo lasciato i biscotti e il latte vicino al camino, quindi dovrebbe trovarci," rispose Nico, cercando di sembrare più sicuro di quanto si sentisse.

Quella notte, mentre Nico si rigirava nel letto, udì un rumore provenire dal piano di sotto. Pensando che fosse la mamma, si alzò e scese le scale. Ma ciò che vide lo lasciò senza parole: accanto al camino, c'era un uomo vestito di rosso con una lunga barba bianca.

"Babbo Natale!" esclamò Nico senza riuscire a trattenersi.

L'uomo si girò e sorrise. "Sì, sono io. Ma ho un piccolo problema. Uno dei miei sacchi di regali è caduto dalla slitta e non riesco a trovarlo. Senza quei regali, alcuni bambini non avranno il Natale che meritano."

"Posso aiutarti a trovarlo!" disse Nico, sentendo l'eccitazione crescere dentro di sé. Sofia, che aveva sentito tutto, si precipitò giù per le scale.

"Io vengo con voi!" disse, aggrappandosi al braccio di Nico.

Babbo Natale sorrise e disse: "Bene, seguitemi. La slitta è fuori."

Fuori, nel giardino, c'era la slitta scintillante di Babbo Natale, trainata da otto renne impazienti. Nico e Sofia salirono sulla slitta e, con un leggero tocco delle redini, si alzarono in volo.

Volando sopra il villaggio innevato, Nico non poteva credere ai suoi occhi. Le luci delle case brillavano come stelle, e il freddo vento notturno sul viso lo faceva sentire vivo come mai prima. Dopo qualche minuto, atterrarono in una radura nel bosco.

"È qui che ho perso il sacco," disse Babbo Natale, guardandosi intorno preoccupato.

Nico e Sofia cominciarono a cercare tra gli alberi e nella neve, ma il sacco sembrava essere sparito. Sofia notò qualcosa di strano vicino a un grande albero. "Nico, guarda! Ci sono delle impronte nella neve."

Seguendo le impronte, arrivarono a una piccola caverna nascosta tra i cespugli. Dentro, trovarono il sacco di Babbo Natale, aperto e con i regali sparsi ovunque. "Qualcuno ha rubato i regali!" esclamò Nico.

All'improvviso, sentirono un rumore provenire dal fondo della caverna. Un gruppo di piccoli elfi apparve, con sguardi colpevoli.

"Non volevamo rubare i regali," disse uno degli elfi. "Volevamo solo vedere cosa c'era dentro. Siamo stati curiosi."

Babbo Natale sorrise comprensivo. "Capisco la vostra curiosità, ma i regali devono arrivare ai bambini. Potete aiutarmi a rimetterli nel sacco?"

Gli elfi annuirono e, insieme a Nico e Sofia, ricominciarono a mettere i regali nel sacco. Dopo aver finito, Babbo Natale ringraziò gli elfi e li invitò a unirsi a loro per la consegna dei regali.

Tornati sulla slitta, volarono di casa in casa, lasciando regali per tutti i bambini del villaggio. Nico e Sofia si sentirono utili e felici, sapendo di aver fatto qualcosa di speciale.

Quando tornarono a casa, Babbo Natale abbracciò Nico e Sofia. "Grazie per il vostro aiuto. Questo Natale sarà memorabile per molti bambini grazie a voi."

Nico e Sofia sorridettero, felici di aver aiutato. "Buon Natale, Babbo Natale!" dissero in coro.

"Buon Natale, miei piccoli eroi," rispose Babbo Natale, poi salì sulla slitta e scomparve nel cielo notturno.

La mattina di Natale, Nico e Sofia si svegliarono con il cuore pieno di gioia. Sotto l'albero c'erano molti regali, ma ciò che li rese più felici fu il ricordo dell'avventura magica della notte precedente.

Aprendo un piccolo pacchetto con il suo nome, Nico trovò una campanella d'argento con un biglietto che diceva: "Per Nico e Sofia, i miei piccoli aiutanti speciali. Con affetto, Babbo Natale."

Nico sorrise, sapendo che quella notte magica sarebbe rimasta per sempre nel suo cuore, ricordandogli il vero spirito del Natale.

Nico and Sofia's Magical Christmas

It was Christmas Eve, and Nico couldn't sleep. The snow was falling lightly outside the window, covering everything with a soft white blanket. Nico lived in a small wooden house with his mother and his little sister Sofia. They had recently moved to that mountain village, and as beautiful as it was, Nico missed his old home and friends.

Sofia, however, was excited. "Nico, do you think Santa will find us here?" she asked with sparkling eyes.

"I hope so, Sofia. We left the cookies and milk by the fireplace, so he should find us," Nico replied, trying to sound more confident than he felt.

That night, as Nico tossed and turned in bed, he heard a noise coming from downstairs. Thinking it was his mother, he got up and went down the stairs. But what he saw left him speechless: next to the fireplace was a man dressed in red with a long white beard.

"Santa Claus!" Nico exclaimed, unable to contain himself.

The man turned and smiled. "Yes, it's me. But I have a small problem. One of my gift sacks fell from the sleigh and I can't find it. Without those gifts, some children won't have the Christmas they deserve."

"I can help you find it!" said Nico, feeling excitement growing inside him. Sofia, who had heard everything, rushed down the stairs.

"I'm coming with you!" she said, clinging to Nico's arm.

Santa smiled and said, "Well, follow me. The sleigh is outside."

Outside, in the garden, was Santa's shimmering sleigh, pulled by eight impatient reindeer. Nico and Sofia climbed onto the sleigh, and with a light touch of the reins, they took off into the sky.

Flying over the snowy village, Nico couldn't believe his eyes. The lights of the houses glowed like stars, and the cold night wind on his face made him feel more alive than ever before. After a few minutes, they landed in a clearing in the woods.

"This is where I lost the sack," Santa said, looking around worriedly.

Nico and Sofia started searching among the trees and in the snow, but the sack seemed to have disappeared. Sofia noticed something strange near a large tree. "Nico, look! There are footprints in the snow."

Following the footprints, they arrived at a small cave hidden among the bushes. Inside, they found Santa's sack, opened with the gifts scattered everywhere. "Someone stole the gifts!" exclaimed Nico.

Suddenly, they heard a noise coming from the back of the cave. A group of small elves appeared, looking guilty. "We didn't mean to steal the gifts," said one of the elves. "We just wanted to see what was inside. We were curious."

Santa smiled understandingly. "I understand your curiosity, but the gifts need to get to the children. Can you help me put them back in the sack?"

The elves nodded, and together with Nico and Sofia, they began putting the gifts back in the sack. After they finished, Santa thanked the elves and invited them to join in delivering the gifts.

Back on the sleigh, they flew from house to house, leaving gifts for all the children in the village. Nico and Sofia felt useful and happy, knowing they had done something special.

When they returned home, Santa hugged Nico and Sofia. "Thank you for your help. This Christmas will be memorable for many children because of you."

Nico and Sofia smiled, happy to have helped. "Merry Christmas, Santa!" they said in unison.

"Merry Christmas, my little heroes," Santa replied, then climbed onto the sleigh and disappeared into the night sky.

On Christmas morning, Nico and Sofia woke up with hearts full of joy. Under the tree were many presents, but what made them happiest was the memory of the magical adventure the night before.

Opening a small package with his name on it, Nico found a silver bell with a note that read: "For Nico and Sofia, my special little helpers. With love, Santa Claus."

Nico smiled, knowing that magical night would forever remain in his heart, reminding him of the true spirit of Christmas.

Il Natale Avventuroso di Giulia e Rudy, la Renna

Era la vigilia di Natale e Giulia era più eccitata che mai. Viveva in una piccola casetta di legno nel villaggio di Nevedolce, famoso per le sue splendide decorazioni natalizie. Tutti gli anni, gli abitanti del villaggio si riunivano per decorare le strade e le case con luci scintillanti e ghirlande colorate. Ma quest'anno c'era qualcosa di speciale nell'aria: una magia che Giulia non riusciva a spiegare.

La madre di Giulia stava preparando biscotti allo zenzero in cucina, e l'odore delizioso si diffondeva per tutta la casa. Giulia e suo fratello maggiore, Luca, stavano sistemando l'ultima decorazione sull'albero di Natale quando un leggero tintinnio proveniente dalla finestra attirò la loro attenzione.

"Che cos'è stato?" chiese Luca, guardando fuori nella neve.

Giulia corse alla finestra e, con grande stupore, vide una renna dal naso rosso che guardava direttamente verso di loro. "Luca, guarda! È una renna! E ha il naso rosso!"

Luca e Giulia uscirono di corsa dalla porta, con la neve che scricchiolava sotto i loro stivali. La renna li aspettava pazientemente, con gli occhi brillanti e un campanellino che pendeva dal collo.

"Ciao," disse Giulia timidamente. "Sei una delle renne di Babbo Natale?"

La renna annuì. "Mi chiamo Rudy," disse, sorprendendo i bambini con la sua voce dolce. "Ho bisogno del vostro aiuto. Durante il nostro volo, ho perso la strada e non riesco a trovare Babbo Natale. Senza di me, non riuscirà a consegnare tutti i regali in tempo."

Giulia e Luca si scambiarono uno sguardo d'intesa. "Ti aiuteremo, Rudy. Dobbiamo solo trovare un modo per riportarti da Babbo Natale," disse Luca con determinazione.

"Conosco un sentiero segreto attraverso il bosco che potrebbe portarci alla casa di Babbo Natale," disse Giulia. "Mamma ci ha raccontato di questo sentiero quando eravamo piccoli."

"Dobbiamo partire subito!" esclamò Rudy, scuotendo la testa con urgenza. "Non c'è tempo da perdere."

Così, Giulia, Luca e Rudy si misero in marcia, avventurandosi nel bosco innevato. Il sentiero era coperto di neve, ma la luce della luna li guidava. Camminarono a lungo, attraversando ruscelli ghiacciati e superando alberi giganteschi.

Mentre avanzavano, incontrarono vari animali del bosco che li salutarono calorosamente. C'era Tino il tasso, con la sua pelliccia spessa e morbida, e Bella la volpe, che offrì loro una sciarpa di lana per tenersi caldi. Ogni animale li incoraggiò a continuare il loro viaggio, sapendo quanto fosse importante che Rudy tornasse da Babbo Natale.

Dopo ore di cammino, finalmente raggiunsero una radura illuminata da luci scintillanti e decorata con ghirlande di vischio. Al centro della radura c'era una grande casa di legno con il tetto innevato: la casa di Babbo Natale.

"Ce l'abbiamo fatta!" esclamò Giulia, correndo avanti con Rudy e Luca al seguito.

Babbo Natale uscì dalla casa, con la barba bianca che scintillava alla luce delle stelle. "Rudy! E i miei piccoli aiutanti! Vi stavo aspettando," disse con un sorriso caldo e accogliente.

"Babbo Natale, abbiamo trovato Rudy nel nostro villaggio e lo abbiamo riportato da te," spiegò Luca, senza fiato per l'eccitazione.

"Avete fatto un lavoro straordinario, ragazzi. Grazie a voi, riuscirò a consegnare tutti i regali in tempo," disse Babbo Natale, abbracciando i bambini. "Ora, è meglio che torniate a casa. Ma prima, un piccolo regalo per voi."

Babbo Natale tirò fuori due piccoli pacchetti e li consegnò a Giulia e Luca. "Aprite questi solo domattina, quando sarete a casa. Ora, salite sulla slitta, vi riporterò io a casa."

Giulia e Luca salutarono Rudy e salirono sulla slitta, emozionati. La slitta volò attraverso il cielo stellato, e in un batter d'occhio, atterrarono nel giardino della loro casa. Babbo Natale li salutò con un ultimo "Buon Natale!" prima di scomparire di nuovo nel cielo.

La mattina di Natale, Giulia e Luca si svegliarono presto e corsero giù per le scale. Trovarono sotto l'albero i regali promessi da Babbo Natale. Giulia aprì il suo pacchetto e trovò una piccola campanella d'argento con inciso: "Per Giulia, la mia piccola eroina. Con affetto, Babbo Natale." Luca aprì il suo e trovò una bussola dorata con la stessa dedica.

Giulia e Luca sorrisero, sapendo che quella notte magica sarebbe rimasta per sempre nei loro cuori, ricordandogli il vero spirito del Natale.

Julia and Rudy the Reindeer's Adventurous Christmas

It was Christmas Eve, and Julia was more excited than ever. She lived in a small wooden house in the village of Nevedolce, famous for its beautiful Christmas decorations. Every year, the villagers gathered to decorate the streets and houses with sparkling lights and colorful garlands. But this year, there was something special in the air: a magic that Julia couldn't explain.

Julia's mother was baking gingerbread cookies in the kitchen, and the delicious smell spread throughout the house. Julia and her older brother, Luca, were placing the last decoration on the Christmas tree when a faint jingling sound from the window caught their attention.

"What was that?" Luca asked, looking out into the snow.

Julia ran to the window, and to her great astonishment, she saw a reindeer with a red nose looking directly at them. "Luca, look! It's a reindeer! And it has a red nose!"

Luca and Julia rushed out the door, the snow crunching under their boots. The reindeer patiently waited for them, with bright eyes and a little bell hanging from its neck.

"Hello," Julia said shyly. "Are you one of Santa's reindeer?"

The reindeer nodded. "My name is Rudy," it said, surprising the children with its gentle voice. "I need your help. During our flight, I got lost and can't find Santa. Without me, he won't be able to deliver all the presents on time."

Julia and Luca exchanged a knowing look. "We'll help you, Rudy. We just need to find a way to get you back to Santa," Luca said determinedly.

"I know a secret path through the woods that might lead us to Santa's house," Julia said. "Mom told us about this path when we were little."

"We must leave immediately!" Rudy exclaimed, shaking his head urgently. "There's no time to lose."

So, Julia, Luca, and Rudy set off, venturing into the snowy forest. The path was covered in snow, but the moonlight guided them. They walked for a long time, crossing frozen streams and passing giant trees.

As they moved forward, they met various forest animals who greeted them warmly. There was Tino the badger, with his thick and soft fur, and Bella the fox, who offered them a wool scarf to keep warm. Each animal encouraged them to continue their journey, knowing how important it was for Rudy to return to Santa.

After hours of walking, they finally reached a clearing lit by sparkling lights and decorated with mistletoe garlands. In the center of the clearing was a large wooden house with a snow-covered roof: Santa's house.

"We made it!" Julia exclaimed, running ahead with Rudy and Luca following.

Santa Claus came out of the house, his white beard glittering in the starlight. "Rudy! And my little helpers! I've been waiting for you," he said with a warm and welcoming smile.

"Santa, we found Rudy in our village and brought him back to you," Luca explained, breathless with excitement.

"You did an extraordinary job, kids. Thanks to you, I'll be able to deliver all the presents on time," Santa said, hugging the children. "Now, you'd better get back home. But first, a small gift for you."

Santa Claus pulled out two small packages and handed them to Julia and Luca. "Open these only tomorrow morning when you're home. Now, get on the sleigh, I'll take you back home."

Julia and Luca waved goodbye to Rudy and climbed onto the sleigh, excited. The sleigh flew through the starry sky, and in the blink of an eye, they landed in their garden. Santa waved them a final "Merry Christmas!" before disappearing into the sky again.

On Christmas morning, Julia and Luca woke up early and ran downstairs. They found the promised presents from Santa under the tree. Julia opened her package and found a small silver bell engraved with: "For Julia, my little heroine. With love, Santa Claus." Luca opened his and found a golden compass with the same dedication.

Julia and Luca smiled, knowing that magical night would forever remain in their hearts, reminding them of the true spirit of Christmas.

Il Natale Nevoso di Tommaso e Marta

Era una fredda vigilia di Natale nel piccolo villaggio di Fioccodiluce. Le strade erano coperte da uno spesso strato di neve, e le case erano addobbate con luci scintillanti e ghirlande festose. Tommaso e sua sorella Marta, due bambini pieni di curiosità e spirito avventuroso, non vedevano l'ora che arrivasse il giorno di Natale.

"Tommaso, pensi che nevicherà ancora di più stanotte?" chiese Marta mentre guardava fuori dalla finestra, con il naso schiacciato contro il vetro.

"Spero di sì, Marta. Più neve c'è, più sarà magico il nostro Natale!" rispose Tommaso con entusiasmo.

La loro madre entrò nella stanza, portando una teglia di biscotti appena sfornati. "Bambini, ho una sorpresa per voi," disse con un sorriso misterioso.

"Sorpresa? Cos'è, mamma?" chiesero in coro, i loro occhi brillanti di eccitazione.

"Questa sera, prima di andare a letto, andrete a fare una passeggiata speciale nella foresta innevata. Ho sentito dire che c'è qualcosa di magico che accade solo una volta all'anno, la vigilia di Natale," spiegò la mamma.

Tommaso e Marta saltarono di gioia. Amavano la foresta, specialmente quando era coperta di neve. Dopo aver mangiato i biscotti e aver indossato i loro cappotti più caldi, i due bambini si prepararono per l'avventura.

"Non dimenticate le lanterne," disse la mamma, porgendogli due piccole lanterne che emettevano una luce calda e rassicurante.

Fuori, la neve scricchiolava sotto i loro stivali mentre si dirigevano verso il sentiero che conduceva alla foresta. L'aria era frizzante e i fiocchi di neve cadevano leggeri, come piume.

"Guarda, Marta! Le impronte degli animali!" esclamò Tommaso, indicando delle piccole tracce nella neve.

"Chissà di chi sono," disse Marta curiosa, seguendo le impronte con lo sguardo.

Mentre camminavano, la foresta sembrava trasformarsi intorno a loro. Gli alberi erano coperti da uno spesso strato di neve, che brillava alla luce delle lanterne. Ogni tanto, un ramo si piegava sotto il peso della neve, facendo cadere una cascata di fiocchi scintillanti.

All'improvviso, videro una luce lontana tra gli alberi. "Cos'è quella luce, Tommaso?" chiese Marta con un filo di voce.

"Non lo so, ma dobbiamo scoprirlo!" rispose Tommaso, afferrando la mano di sua sorella e avviandosi verso la luce.

Avvicinandosi, scoprirono una piccola radura illuminata da migliaia di luci colorate. Al centro della radura, c'era un grande albero di Natale decorato con ornamenti scintillanti e una stella dorata sulla cima. Intorno all'albero, gli animali della foresta si erano radunati: cervi, conigli, volpi e anche un gufo bianco, che osservava tutto dall'alto di un ramo.

"È meraviglioso!" esclamò Marta, con gli occhi spalancati per la meraviglia.

"È davvero un posto magico," concordò Tommaso, senza riuscire a distogliere lo sguardo dall'albero.

Improvvisamente, una voce profonda e gentile riempì la radura. "Benvenuti, Tommaso e Marta. Vi stavamo aspettando."

I bambini si voltarono e videro un uomo alto, con una lunga barba bianca e un cappotto rosso, che li guardava con un sorriso. "Babbo Natale!" gridarono in coro.

"Sì, sono io," disse Babbo Natale. "Ogni anno, alla vigilia di Natale, vengo qui per celebrare la magia della neve e della foresta con i miei amici animali. E quest'anno, ho deciso di invitarvi a partecipare."

Tommaso e Marta non riuscivano a credere alla loro fortuna. Passarono la serata giocando con gli animali, decorando l'albero e ascoltando le storie di Babbo Natale. Raccontò di luoghi lontani, di avventure incredibili e del potere della generosità e della gentilezza.

Quando fu ora di tornare a casa, Babbo Natale consegnò a ciascuno di loro un piccolo pacchetto avvolto in carta colorata. "Aprite questi solo domattina, quando sarete a casa," disse con un sorriso.

I bambini salutarono Babbo Natale e gli animali, promettendo di mantenere il segreto della radura magica. Ritornarono a casa con il cuore pieno di gioia e la mente colma di meraviglie.

La mattina di Natale, Tommaso e Marta si svegliarono presto e corsero giù per le scale. Trovarono sotto l'albero i regali promessi da Babbo Natale. Marta aprì il suo pacchetto e trovò una piccola palla di neve con dentro una miniatura della radura magica, completa di animali e luci scintillanti. Tommaso aprì il suo e trovò una bussola dorata con la stessa dedica: "Per Tommaso e Marta, i miei piccoli amici speciali. Con affetto, Babbo Natale."

Giulia e Marta sorrisero, sapendo che quella notte magica sarebbe rimasta per sempre nei loro cuori, ricordandogli il vero spirito del Natale.

Thomas and Martha's Snowy Christmas

It was a cold Christmas Eve in the small village of Fioccodiluce. The streets were covered in a thick layer of snow, and the houses were decorated with sparkling lights and festive garlands. Thomas and his sister Martha, two children full of curiosity and adventurous spirit, couldn't wait for Christmas Day to arrive.

"Thomas, do you think it will snow even more tonight?" Martha asked while looking out the window, her nose pressed against the glass.

"I hope so, Martha. The more snow there is, the more magical our Christmas will be!" replied Thomas enthusiastically.

Their mother entered the room, carrying a tray of freshly baked cookies. "Kids, I have a surprise for you," she said with a mysterious smile.

"Surprise? What is it, Mom?" they asked in unison, their eyes shining with excitement.

"Tonight, before you go to bed, you will go on a special walk in the snowy forest. I've heard that something magical happens there only once a year, on Christmas Eve," explained their mother.

Thomas and Martha jumped for joy. They loved the forest, especially when it was covered in snow. After eating the cookies and putting on their warmest coats, the two children prepared for the adventure.

"Don't forget the lanterns," their mother said, handing them two small lanterns that emitted a warm and reassuring light.

Outside, the snow crunched under their boots as they headed towards the path leading to the forest. The air was crisp, and snowflakes fell lightly like feathers.

"Look, Martha! Animal tracks!" exclaimed Thomas, pointing to small footprints in the snow.

"I wonder who they belong to," Martha said curiously, following the tracks with her eyes.

As they walked, the forest seemed to transform around them. The trees were covered in a thick layer of snow, which sparkled in the light of the lanterns. Occasionally, a branch would bend under the weight of the snow, causing a cascade of glittering flakes to fall.

Suddenly, they saw a distant light among the trees. "What's that light, Thomas?" Martha asked in a whisper.

"I don't know, but we have to find out!" replied Thomas, grabbing his sister's hand and heading towards the light.

As they approached, they discovered a small clearing illuminated by thousands of colored lights. In the center of the clearing stood a large Christmas tree decorated with sparkling ornaments and a golden star on top. Around the tree, the forest animals had gathered: deer, rabbits, foxes, and even a white owl watching from a high branch.

"It's wonderful!" exclaimed Martha, her eyes wide with wonder.

"It really is a magical place," agreed Thomas, unable to take his eyes off the tree.

Suddenly, a deep and gentle voice filled the clearing. "Welcome, Thomas and Martha. We've been waiting for you."

The children turned and saw a tall man with a long white beard and a red coat, smiling at them. "Santa Claus!" they shouted in unison.

"Yes, it's me," said Santa. "Every year, on Christmas Eve, I come here to celebrate the magic of the snow and the forest with my animal friends. And this year, I decided to invite you to join us."

Thomas and Martha couldn't believe their luck. They spent the evening playing with the animals, decorating the tree, and listening to Santa's stories. He told them about distant places, incredible adventures, and the power of generosity and kindness.

When it was time to go home, Santa gave each of them a small package wrapped in colorful paper. "Open these only tomorrow morning when you're home," he said with a smile.

The children bid farewell to Santa and the animals, promising to keep the secret of the magical clearing. They returned home with hearts full of joy and minds filled with wonders.

On Christmas morning, Thomas and Martha woke up early and ran downstairs. They found under the tree the promised presents from Santa. Martha opened her package and found a small snow globe with a miniature of the magical clearing, complete with animals and sparkling lights. Thomas opened his and found a golden compass with the same dedication: "For Thomas and Martha, my special little friends. With love, Santa Claus."

Thomas and Martha smiled, knowing that magical night would forever remain in their hearts, reminding them of the true spirit of Christmas.

Il Natale Incantato di Micio e la Magia della Stella

C'era una volta, in una città che sembrava uscita direttamente da una favola, un gatto di nome Micio. Micio era un felino grigio e peloso, con grandi occhi verdi e un animo avventuroso. Viveva con la sua padrona, la signora Rosa, in una casetta colorata ai margini di un piccolo villaggio chiamato Sant'Elfo.

La vigilia di Natale era finalmente arrivata, e l'aria era frizzante e piena di meraviglia. Le strade di Sant'Elfo erano decorate con luci scintillanti e palline colorate appese a ogni albero. Le case erano adornate con ghirlande di pino e fiocchi di neve di carta, creando un'atmosfera magica.

Micio osservava tutto questo dalla finestra del salotto, mentre si crogiolava accanto al camino acceso. Amava il Natale e tutto ciò che lo accompagnava: i dolci profumi, le canzoni allegre, e, naturalmente, le cene abbondanti. Ma quest'anno, c'era qualcosa di speciale nell'aria.

"Guarda, Micio," disse la signora Rosa, mentre decorava l'albero di Natale con delicate palle di vetro e luci dorate. "Questa sarà la notte più magica dell'anno. Le leggende dicono che la stella di Natale possa realizzare i desideri più profondi."

Micio si stiracchiò e miagolò in segno di accordo. Amava ascoltare le storie della signora Rosa, anche se a volte non capiva tutto ciò che diceva. Ma quella storia della stella era diversa. Era affascinante e misteriosa, e Micio non riusciva a togliersi dalla testa la curiosità di sapere se la stella fosse davvero magica.

Quando la signora Rosa andò a letto, Micio si avventurò nella casa, deciso a scoprire il mistero della stella di Natale. Saltò giù dal divano e camminò furtivamente verso il camino, dove il calore era ancora avvolgente. Gli occhi verdi di Micio brillavano mentre osservava il grande albero decorato e, sopra di esso, la stella dorata che brillava intensamente.

"Beh," pensò Micio, "se la stella di Natale è davvero magica, devo scoprire come funziona!"

Senza pensarci troppo, Micio saltò sull'albero, arrampicandosi tra le luci e i rami decorati. Con grande sorpresa, si accorse che la stella dorata cominciava a brillare ancora di più mentre lui si avvicinava. Le luci dell'albero scintillavano come se avessero vita propria.

"Allora è vero!" esclamò Micio con un miagolio emozionato. "La stella è davvero magica!"

Proprio in quel momento, la stella di Natale brillò così intensamente che Micio dovette chiudere gli occhi. Quando li riaprì, si trovava in un luogo completamente diverso. Non era più nella casa della signora Rosa, ma in un vasto campo di neve, illuminato da milioni di stelle e circondato da alberi addobbati con luci colorate.

"Dove sono?" si chiese Micio, guardandosi intorno con curiosità.

"Benvenuto, Micio!" una voce allegra e familiare disse. Micio si voltò e vide un gruppo di animali del bosco, tutti felici e festanti. C'erano conigli bianchi come la neve, cervi con palchi scintillanti e una volpe rossa che danzava intorno a un albero.

"Ciao!" rispose Micio, un po' stupito. "Dove siamo?"

"Siamo al Regno della Magia del Natale!" spiegò un coniglio saltellante di nome Bianco. "La stella di Natale ti ha portato qui per un motivo speciale."

"Un motivo speciale?" chiese Micio, mentre i suoi occhi brillavano di curiosità.

"Esatto!" rispose Bianco. "Ogni anno, la stella di Natale seleziona un animale speciale per aiutare a diffondere la magia del Natale. Quest'anno, sei stato scelto tu!"

Micio era entusiasta. Non avrebbe mai immaginato di essere scelto per una missione così importante. "E cosa devo fare?" chiese, ansioso di sapere di più.

"Segui il sentiero di luci," disse Bianco, indicando un sentiero luminoso che si snodava tra gli alberi addobbati. "Alla fine del sentiero troverai la Grande Tavola di Natale, dove dovrai aiutare a preparare il banchetto natalizio."

Micio si mise in cammino, seguendo il sentiero di luci scintillanti. Il viaggio era affascinante e pieno di meraviglie. Lungo il cammino, incontrò diversi animali che lo salutavano e lo incoraggiavano. C'era anche un gruppo di scoiattoli che decorava un albero con noci e bacche, e una famiglia di uccellini che cantava canzoni natalizie.

Finalmente, Micio arrivò alla Grande Tavola di Natale. Era una tavola lunga e apparecchiata con ogni tipo di prelibatezza immaginabile: torte di frutta, biscotti speziati, e anche un grande cesto di pesce fresco.

"Benvenuto, Micio!" esclamò la Regina Volpe, che era circondata da altri animali che lavoravano per preparare la tavola. "Siamo felici di averti qui. Abbiamo bisogno del tuo aiuto per sistemare gli ultimi dettagli."

Micio si mise subito al lavoro, aiutando a sistemare i piatti e a decorare la tavola con festoni di vischio e rametti di pino. Gli animali del bosco erano entusiasti di lavorare insieme e il clima era festoso e allegro.

Quando tutto fu pronto, gli animali si sedettero alla tavola e iniziarono a festeggiare. Micio si unì a loro, gustando le prelibatezze e condividendo storie e risate. La magia del Natale era palpabile, e Micio si sentiva parte di qualcosa di veramente speciale.

"Non avrei mai pensato che il Natale potesse essere così meraviglioso," disse Micio, guardando la stella che brillava alta nel cielo.

"E' proprio questo il potere della magia del Natale," rispose la Regina Volpe. "Riunire amici, condividere gioie e diffondere felicità."

Quando la festa giunse al termine, la stella di Natale brillò ancora più intensamente. "È il momento di tornare a casa, Micio," disse

Bianco. "La tua avventura è finita, ma la magia del Natale continuerà sempre."

Micio ringraziò tutti gli animali e seguì il sentiero di luci fino alla sua casa. Con un ultimo sguardo al Regno della Magia del Natale, tornò al salotto della signora Rosa, proprio accanto al camino.

Il giorno di Natale, la signora Rosa trovò Micio rannicchiato vicino all'albero di Natale, con gli occhi scintillanti di felicità. "Buon Natale, Micio!" esclamò la signora Rosa, accarezzandolo. "Spero che tu abbia avuto un Natale speciale."

Micio miagolò in risposta e, guardando la stella dorata sopra l'albero, sapeva che il Natale era davvero magico, proprio come aveva sempre sognato. E anche se non poteva raccontare a nessuno delle sue avventure notturne, sapeva che il suo cuore era colmo di una gioia che durava tutto l'anno.

Micio's Enchanted Christmas and the Magic of the Star

Once upon a time, in a town that seemed to have stepped right out of a fairy tale, there was a cat named Micio. Micio was a fluffy gray feline with big green eyes and an adventurous spirit. He lived with his owner, Mrs. Rose, in a colorful little house on the edge of a small village called Sant'Elfo.

Christmas Eve had finally arrived, and the air was crisp and full of wonder. The streets of Sant'Elfo were decorated with sparkling lights and colorful ornaments hanging from every tree. The houses were adorned with pine garlands and paper snowflakes, creating a magical atmosphere.

Micio watched all this from the living room window, while basking next to the glowing fireplace. He loved Christmas and everything that came with it: the sweet scents, the cheerful songs, and, of course, the hearty meals. But this year, there was something special in the air.

"Look, Micio," Mrs. Rose said as she decorated the Christmas tree with delicate glass baubles and golden lights. "Tonight will be the most magical night of the year. Legends say that the Christmas star can grant the deepest wishes."

Micio stretched and meowed in agreement. He loved listening to Mrs. Rose's stories, even though he didn't always understand everything she said. But that story about the star was different. It was enchanting and mysterious, and Micio couldn't get the curiosity of whether the star was truly magical out of his mind.

When Mrs. Rose went to bed, Micio set out on an adventure, determined to discover the secret of the Christmas star. He jumped down from the sofa and stealthily walked towards the fireplace, where the warmth was still inviting. Micio's green eyes sparkled as he looked at the grand decorated tree and, on top of it, the golden star shining brightly.

"Well," thought Micio, "if the Christmas star is truly magical, I need to find out how it works!"

Without thinking too much, Micio leaped onto the tree, climbing among the lights and decorated branches. To his great surprise, he noticed that the golden star began to shine even brighter as he approached. The lights on the tree sparkled as if they had a life of their own.

"It's true!" Micio exclaimed with an excited meow. "The star is really magical!"

At that moment, the Christmas star shone so brightly that Micio had to close his eyes. When he opened them again, he found himself in a completely different place. He was no longer in Mrs. Rose's house but in a vast snow-covered field, lit by millions of stars and surrounded by trees adorned with colorful lights.

"Where am I?" Micio wondered, looking around with curiosity.

"Welcome, Micio!" said a cheerful and familiar voice. Micio turned and saw a group of woodland animals, all happy and festive. There were snow-white rabbits, deer with glittering antlers, and a red fox dancing around a tree.

"Hello!" replied Micio, somewhat surprised. "Where are we?"

"We are in the Christmas Magic Kingdom!" explained a bouncing rabbit named White. "The Christmas star has brought you here for a special reason."

"A special reason?" Micio asked, his eyes shining with curiosity.

"That's right!" White replied. "Every year, the Christmas star selects a special animal to help spread the magic of Christmas. This year, you've been chosen!"

Micio was thrilled. He had never imagined being chosen for such an important mission. "And what should I do?" he asked, eager to learn more.

"Follow the path of lights," said White, pointing to a glowing path winding through the decorated trees. "At the end of the path, you will find the Great Christmas Table, where you'll need to help prepare the Christmas feast."

Micio set off, following the path of sparkling lights. The journey was fascinating and full of wonders. Along the way, he met various animals who greeted him and encouraged him. There were also a group of squirrels decorating a tree with nuts and berries, and a family of little birds singing Christmas carols.

Finally, Micio arrived at the Great Christmas Table. It was a long table set with every imaginable delicacy: fruit cakes, spiced cookies, and even a large basket of fresh fish.

"Welcome, Micio!" exclaimed Queen Fox, surrounded by other animals working to prepare the table. "We're happy to have you here. We need your help to set up the final touches."

Micio immediately set to work, helping to arrange the plates and decorate the table with mistletoe garlands and pine branches. The woodland animals were excited to work together, and the atmosphere was festive and cheerful.

When everything was ready, the animals sat down at the table and began to celebrate. Micio joined them, enjoying the treats and sharing stories and laughter. The magic of Christmas was palpable, and Micio felt part of something truly special.

"I never thought Christmas could be so wonderful," Micio said, looking up at the star shining high in the sky.

"That's the true power of Christmas magic," replied Queen Fox. "Bringing friends together, sharing joy, and spreading happiness."

As the celebration came to an end, the Christmas star shone even more brightly. "It's time to go home, Micio," White said. "Your adventure is over, but the magic of Christmas will always continue."

Micio thanked all the animals and followed the path of lights back to his house. With one last look at the Christmas Magic Kingdom, he returned to Mrs. Rose's living room, right next to the fireplace.

On Christmas morning, Mrs. Rose found Micio curled up next to the Christmas tree, his eyes sparkling with happiness. "Merry

Christmas, Micio!" exclaimed Mrs. Rose, petting him. "I hope you had a special Christmas."

Micio meowed in response and, looking at the golden star atop the tree, knew that Christmas was truly magical, just as he had always dreamed. And although he couldn't tell anyone about his nighttime adventures, he knew that his heart was filled with a joy that lasted all year long.

Il Natale di Bruno l'Orso e la Festa della Foresta

C'era una volta, in una foresta verdeggiante e serena, un orso di nome Bruno. Bruno era un orso grande e peloso, con un cuore gentile e una passione enorme per il Natale. Viveva in una cuccia accogliente situata nel cuore della foresta, un luogo che si riempiva di calore e comfort ogni anno durante le festività natalizie.

Ogni anno, Bruno trascorreva il Natale decorando la sua casa con ghirlande di pino, palline scintillanti e luci colorate. Ma quest'anno era speciale. Bruno aveva deciso di organizzare una grande festa di Natale per tutti i suoi amici della foresta. Non solo voleva celebrare con loro, ma sperava anche di creare un evento indimenticabile che avrebbe riunito tutti in allegria.

La mattina della vigilia di Natale, Bruno si svegliò presto, pronto a iniziare i preparativi. Il sole stava appena sorgendo e la neve brillava come diamanti sotto la luce. Bruno era così eccitato che i suoi occhi scintillavano di entusiasmo.

"È tempo di preparare la festa!" esclamò Bruno, saltando fuori dalla cuccia. Era così grande e peloso che ogni passo che faceva faceva vibrare il terreno leggermente.

Il primo passo fu quello di decorare l'area della festa. Bruno iniziò a appendere le luci sugli alberi e a sistemare i nastri colorati. Ogni volta che un albero veniva decorato, Bruno si allontanava per ammirare il suo lavoro. "Questi alberi sembrano proprio delle stelle nel cielo!" pensò tra sé e sé.

Poi, era il momento di preparare il cibo. Bruno era un cuoco eccellente, noto per le sue torte di miele e le sue marmellate di frutti di bosco. Con l'aiuto di alcuni amici – la volpe Vicky, il coniglio Cino e la cervo Lupo – cominciò a preparare una lunga tavola piena di prelibatezze natalizie. C'era una torta di miele alta come una montagna, biscotti a forma di stella e una grande ciotola di frutta fresca.

"Cino, puoi preparare le decorazioni con le bacche?" chiese Bruno.

"Certo!" rispose Cino, saltellando felice.

"Vicky, puoi aiutarmi a sistemare i piatti?" chiese Bruno, mentre Vicky annuiva con un sorriso.

Lupo, con il suo sguardo gentile, si occupava di preparare un angolo per i giochi, riempiendolo di palline di neve e piccoli regali. La foresta si stava trasformando in un vero e proprio paradiso natalizio.

Quando tutto era pronto, Bruno si sedette per una pausa e osservò il suo lavoro. La festa era pronta, e la foresta era piena di luci e colori. Gli animali della foresta erano invitati e presto sarebbero arrivati per festeggiare.

Mentre Bruno si rilassava, un vento gelido portò con sé una notizia entusiasta. "Siamo arrivati!" gridò Vicky, correndo verso Bruno. "Gli animali stanno arrivando!"

Bruno si alzò in piedi e andò ad accogliere i suoi amici. C'erano conigli saltellanti, volpi danzanti, e persino un gruppo di uccelli che cantavano melodie natalizie. Tutti erano entusiasti e felici di essere lì.

"Benvenuti alla mia festa di Natale!" esclamò Bruno, abbracciando ciascun amico con grande affetto. "Spero che vi piaccia tutto quello che ho preparato!"

Gli animali iniziarono a mangiare e a divertirsi. La torta di miele di Bruno era così dolce che tutti ne vollero una fetta, e i biscotti a forma di stella sparirono in un baleno. La musica natalizia riempiva l'aria e tutti ballavano e ridevano insieme.

A un certo punto, Bruno prese la parola. "Grazie a tutti per essere venuti. Questo Natale è speciale perché siamo tutti insieme, e questo è il miglior regalo di tutti!"

Gli animali applaudirono e cantarono una canzone di Natale. La foresta era piena di allegria e gioia. I cuori degli animali erano colmi di felicità e gratitudine.

Mentre la festa proseguiva, Bruno si sedette accanto a un albero decorato e guardò la neve cadere lentamente. Non c'era nulla di più bello che vedere i suoi amici felici e godere della magia del Natale.

Alla fine della serata, mentre la luna brillava alta nel cielo, Bruno si sedette davanti al camino e rifletté sulla giornata. "Questo è stato il miglior Natale di sempre," pensò. "Sono così felice di aver condiviso tutto questo con i miei amici."

Con un sorriso sul volto e il cuore colmo di gioia, Bruno si addormentò accanto al fuoco, sognando nuovi ricordi da creare l'anno successivo. E così, la foresta continuò a brillare di magia natalizia, grazie all'amore e all'amicizia che Bruno aveva saputo regalare.

Bruno the Bear's Christmas and the Forest Feast

Once upon a time, in a lush and serene forest, there was a bear named Bruno. Bruno was a large, furry bear with a kind heart and an enormous passion for Christmas. He lived in a cozy den located in the heart of the forest, a place that filled with warmth and comfort every year during the holiday season.

Every year, Bruno would spend Christmas decorating his home with pine garlands, sparkling ornaments, and colorful lights. But this year was special. Bruno had decided to throw a grand Christmas party for all his forest friends. He not only wanted to celebrate with them but hoped to create an unforgettable event that would bring everyone together in joy.

On Christmas Eve morning, Bruno woke up early, ready to start the preparations. The sun was just rising, and the snow sparkled like diamonds under the light. Bruno was so excited that his eyes shone with enthusiasm.

"It's time to prepare the party!" Bruno exclaimed, jumping out of the den. He was so large and furry that every step he took made the ground vibrate slightly.

The first step was to decorate the party area. Bruno began hanging lights on the trees and arranging colorful ribbons. Every time a tree was decorated, Bruno would step back to admire his work. "These trees look just like stars in the sky!" he thought to himself.

Next was the time to prepare the food. Bruno was an excellent cook, known for his honey cakes and berry jams. With the help of some friends – Vicky the fox, Cino the rabbit, and Lupo the deer – he started preparing a long table filled with Christmas treats. There was a honey cake as tall as a mountain, star-shaped cookies, and even a large basket of fresh fruit.

"Cino, can you prepare the decorations with the berries?" Bruno asked.

"Sure!" replied Cino, hopping happily.

"Vicky, can you help me set up the plates?" asked Bruno, as Vicky nodded with a smile.

Lupo, with his gentle gaze, took care of setting up a corner for games, filling it with snowballs and little presents. The forest was turning into a true Christmas paradise.

When everything was ready, Bruno sat down for a break and admired his work. The party was set, and the forest was full of lights and colors. The forest animals were invited and would soon arrive to celebrate.

As Bruno relaxed, a cold breeze brought with it exciting news. "We're here!" shouted Vicky, running towards Bruno. "The animals are arriving!"

Bruno got up and went to welcome his friends. There were hopping rabbits, dancing foxes, and even a group of birds singing

Christmas melodies. Everyone was excited and happy to be there.

"Welcome to my Christmas party!" exclaimed Bruno, hugging each friend with great affection. "I hope you like everything I've prepared!"

The animals began eating and having fun. Bruno's honey cake was so sweet that everyone wanted a slice, and the star-shaped cookies disappeared in a flash. Christmas music filled the air, and everyone danced and laughed together.

At one point, Bruno took the floor. "Thank you all for coming. This Christmas is special because we are all together, and that's the best gift of all!"

The animals applauded and sang a Christmas song. The forest was filled with cheer and joy. The hearts of the animals were full of happiness and gratitude.

As the party continued, Bruno sat next to a decorated tree and watched the snow fall gently. There was nothing more beautiful than seeing his friends happy and enjoying the magic of Christmas.

By the end of the evening, as the moon shone high in the sky, Bruno sat in front of the fireplace and reflected on the day. "This has been the best Christmas ever," he thought. "I'm so happy to have shared all this with my friends."

With a smile on his face and his heart full of joy, Bruno fell asleep next to the fire, dreaming of new memories to make next year. And so, the forest continued to shine with Christmas magic, thanks to the love and friendship Bruno had been able to give.

www.ingramcontent.com/pod-product-compliance
Lightning Source LLC
Chambersburg PA
CBHW061405140726

47997CB00003B/1363